Livre de bord du jardinage

Ce livre appartient à :

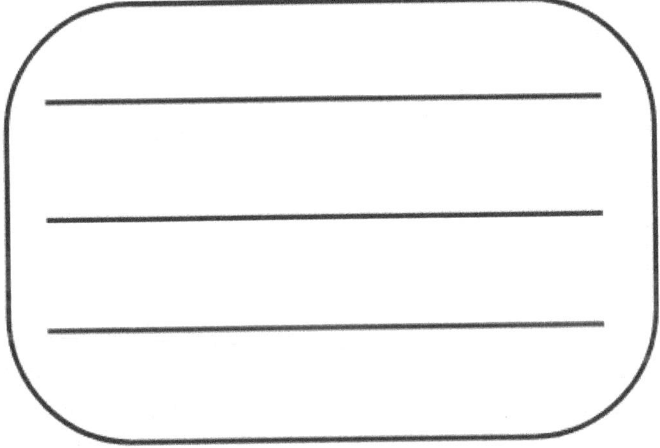

Le journal de jardinage est un moyen incroyable de suivre vos objectifs de jardinage pour les jardiniers débutants et expérimentés.

Livre de bord du jardinage

Nom	Localisation
Fournisseur	Prix

Classe scientifique

Végétaux	○	Fruits
Herbe	○	Fleur
Arbuste	○	Arbre
Annuelle	○	Biennale
Pérenne	○	Semis

Dates

Germination

Plantée

Récolté

Niveau de lumière

Soleil

Soleil partiel

Ombre

Autre

A partir de

Semences

Plante

Classement

Taille	○○○○○
Couleur	○○○○○
Goûter	○○○○○

Fertilisants
et équipements

Besoins en eau

0%
moins

Instructions
d'entretien

Instruction
de plantation

Notes
supplémentaires

Livre de bord du jardinage

Nom		Localisation	

Fournisseur		Prix	

Classe scientifique

Végétaux	○	Fruits
Herbe	○	Fleur
Arbuste	○	Arbre
Annuelle	○	Biennale
Pérenne	○	Semis

Dates

Germination

Plantée

Récolté

Niveau de lumière

Soleil

Soleil partiel

Ombre

Autre

A partir de

Semences

Plante

Classement

Taille	○○○○○
Couleur	○○○○○
Goûter	○○○○○

Fertilisants
et équipements

Besoins en eau

0%
moins

Instructions
d'entretien

Instruction
de plantation

Notes
supplémentaires

Livre de bord du jardinage

Nom

Localisation

Fournisseur

Prix

Classe scientifique

Végétaux	○	Fruits
Herbe	○	Fleur
Arbuste	○	Arbre
Annuelle	○	Biennale
Pérenne	○	Semis

Dates

Germination

Plantée

Récolté

Niveau de lumière

Soleil

Soleil partiel

Ombre

Autre

A partir de

Semences

Plante

Classement

Taille ○○○○○

Couleur ○○○○○

Goûter ○○○○○

Fertilisants et équipements

Besoins en eau

0%
moins

Instructions d'entretien

Instruction de plantation

Notes supplémentaires

Livre de bord du jardinage

Nom		Localisation	
Fournisseur		Prix	

Classe scientifique

Végétaux	○	Fruits
Herbe	○	Fleur
Arbuste	○	Arbre
Annuelle	○	Biennale
Pérenne	○	Semis

Dates

Germination

Plantée

Récolté

Niveau de lumière

Soleil

Soleil partiel

Ombre

Autre

A partir de

Semences

Plante

Classement

Taille	○○○○○
Couleur	○○○○○
Goûter	○○○○○

Fertilisants et équipements

Besoins en eau

0%
moins

Instructions d'entretien

Instruction de plantation

Notes supplémentaires

Livre de bord du jardinage

Nom	Localisation
Fournisseur	Prix

Classe scientifique

Végétaux	○	Fruits
Herbe	○	Fleur
Arbuste	○	Arbre
Annuelle	○	Biennale
Pérenne	○	Semis

Dates

Germination

Plantée

Récolté

Niveau de lumière

Soleil

Soleil partiel

Ombre

Autre

A partir de

Semences

Plante

Classement

Taille	○○○○○
Couleur	○○○○○
Goûter	○○○○○

Fertilisants et équipements

Besoins en eau

0%
moins

Instructions d'entretien

Instruction de plantation

Notes supplémentaires

Livre de bord du jardinage

Nom		Localisation	
Fournisseur		Prix	

Classe scientifique

Végétaux	○	Fruits
Herbe	○	Fleur
Arbuste	○	Arbre
Annuelle	○	Biennale
Pérenne	○	Semis

Dates

Germination

Plantée

Récolté

Niveau de lumière

Soleil

Soleil partiel

Ombre

Autre

A partir de

Semences

Plante

Classement

Taille ○○○○○

Couleur ○○○○○

Goûter ○○○○○

Fertilisants et équipements

Besoins en eau

0%
moins

Instructions d'entretien

Instruction de plantation

Notes supplémentaires

Livre de bord du jardinage

Nom		Localisation
Fournisseur		Prix

Classe scientifique

Végétaux	○	Fruits
Herbe	○	Fleur
Arbuste	○	Arbre
Annuelle	○	Biennale
Pérenne	○	Semis

Dates

Germination

Plantée

Récolté

Niveau de lumière

Soleil

Soleil partiel

Ombre

Autre

A partir de

Semences

Plante

Classement

Taille	○○○○○
Couleur	○○○○○
Goûter	○○○○○

Fertilisants
et équipements

Besoins en eau

0%
moins

Instructions
d'entretien

Instruction
de plantation

Notes
supplémentaires

Livre de bord du jardinage

Nom	Localisation
Fournisseur	Prix

Classe scientifique

Végétaux	○	Fruits
Herbe	○	Fleur
Arbuste	○	Arbre
Annuelle	○	Biennale
Pérenne	○	Semis

Dates

Germination

Plantée

Récolté

Niveau de lumière

Soleil

Soleil partiel

Ombre

Autre

A partir de

Semences

Plante

Classement

Taille	○○○○○
Couleur	○○○○○
Goûter	○○○○○

Fertilisants
et équipements

Besoins en eau

0%
moins

Instructions
d'entretien

Instruction
de plantation

Notes
supplémentaires

Livre de bord du jardinage

Nom	Localisation
Fournisseur	Prix

Classe scientifique

Végétaux	○	Fruits
Herbe	○	Fleur
Arbuste	○	Arbre
Annuelle	○	Biennale
Pérenne	○	Semis

Dates

Germination

Plantée

Récolté

Niveau de lumière

Soleil

Soleil partiel

Ombre

Autre

A partir de

Semences

Plante

Classement

Taille	○○○○○
Couleur	○○○○○
Goûter	○○○○○

Fertilisants
et équipements

Besoins en eau

0%
moins

Instructions
d'entretien

Instruction
de plantation

Notes
supplémentaires

Livre de bord du jardinage

Nom	Localisation

Fournisseur	Prix

Classe scientifique

Végétaux	○	Fruits
Herbe	○	Fleur
Arbuste	○	Arbre
Annuelle	○	Biennale
Pérenne	○	Semis

Dates

Germination

Plantée

Récolté

A partir de

Semences

Plante

Niveau de lumière

Soleil

Soleil partiel

Ombre

Autre

Classement

Taille	○○○○○
Couleur	○○○○○
Goûter	○○○○○

| Fertilisants et équipements | Besoins en eau |

0%
moins

| Instructions d'entretien | Instruction de plantation |

Notes supplémentaires

Livre de bord du jardinage

Nom	Localisation

Fournisseur	Prix

Classe scientifique

Végétaux	○	Fruits
Herbe	○	Fleur
Arbuste	○	Arbre
Annuelle	○	Biennale
Pérenne	○	Semis

Dates

Germination

Plantée

Récolté

Niveau de lumière

Soleil

Soleil partiel

Ombre

Autre

A partir de

Semences

Plante

Classement

Taille	○○○○○
Couleur	○○○○○
Goûter	○○○○○

Fertilisants
et équipements

Besoins en eau

0%
moins

Instructions
d'entretien

Instruction
de plantation

Notes
supplémentaires

Livre de bord du jardinage

Nom	Localisation

Fournisseur	Prix

Classe scientifique

Végétaux	○	Fruits
Herbe	○	Fleur
Arbuste	○	Arbre
Annuelle	○	Biennale
Pérenne	○	Semis

Dates

Germination

Plantée

Récolté

Niveau de lumière

Soleil

Soleil partiel

Ombre

Autre

A partir de

Semences

Plante

Classement

Taille	○○○○○
Couleur	○○○○○
Goûter	○○○○○

Fertilisants
et équipements

Besoins en eau

0%
moins

Instructions
d'entretien

Instruction
de plantation

Notes
supplémentaires

Livre de bord du jardinage

Nom	Localisation

Fournisseur	Prix

Classe scientifique

Végétaux	○	Fruits
Herbe	○	Fleur
Arbuste	○	Arbre
Annuelle	○	Biennale
Pérenne	○	Semis

Dates

Germination

Plantée

Récolté

Niveau de lumière

Soleil

Soleil partiel

Ombre

Autre

A partir de

Semences

Plante

Classement

Taille	○○○○○
Couleur	○○○○○
Goûter	○○○○○

Fertilisants
et équipements

Besoins en eau

0%
moins

Instructions
d'entretien

Instruction
de plantation

Notes
supplémentaires

Livre de bord du jardinage

Nom	Localisation

Fournisseur	Prix

Classe scientifique

Végétaux	◯	Fruits
Herbe	◯	Fleur
Arbuste	◯	Arbre
Annuelle	◯	Biennale
Pérenne	◯	Semis

Dates

Germination

Plantée

Récolté

Niveau de lumière

Soleil

Soleil partiel

Ombre

Autre

A partir de

Semences

Plante

Classement

Taille	◯◯◯◯◯
Couleur	◯◯◯◯◯
Goûter	◯◯◯◯◯

Fertilisants et équipements

Besoins en eau

0%
moins

Instructions d'entretien

Instruction de plantation

Notes supplémentaires

Livre de bord du jardinage

Nom	Localisation
Fournisseur	Prix

Végétaux	○	Fruits
Herbe	○	Fleur
Arbuste	○	Arbre
Annuelle	○	Biennale
Pérenne	○	Semis

Germination

Plantée

Récolté

Soleil

Soleil partiel

Ombre

Autre

Semences

Plante

Taille	○○○○○
Couleur	○○○○○
Goûter	○○○○○

Fertilisants
et équipements

Besoins en eau

0%
moins

Instructions
d'entretien

Instruction
de plantation

Notes
supplémentaires

Livre de bord du jardinage

Nom		Localisation
Fournisseur		Prix

Classe scientifique

Végétaux	○	Fruits
Herbe	○	Fleur
Arbuste	○	Arbre
Annuelle	○	Biennale
Pérenne	○	Semis

Dates

Germination

Plantée

Récolté

Niveau de lumière

Soleil

Soleil partiel

Ombre

Autre

A partir de

Semences

Plante

Classement

Taille ○○○○○

Couleur ○○○○○

Goûter ○○○○○

Fertilisants
et équipements

Besoins en eau

0%
moins

Instructions
d'entretien

Instruction
de plantation

Notes
supplémentaires

Livre de bord du jardinage

Nom	Localisation

Fournisseur	Prix

Classe scientifique

Végétaux	◯	Fruits
Herbe	◯	Fleur
Arbuste	◯	Arbre
Annuelle	◯	Biennale
Pérenne	◯	Semis

Dates

Germination

Plantée

Récolté

Niveau de lumière

Soleil

Soleil partiel

Ombre

Autre

A partir de

Semences

Plante

Classement

Taille	◯◯◯◯◯
Couleur	◯◯◯◯◯
Goûter	◯◯◯◯◯

Fertilisants
et équipements

Besoins en eau

0%
moins

Instructions
d'entretien

Instruction
de plantation

Notes
supplémentaires

Livre de bord du jardinage

Nom	Localisation

Fournisseur	Prix

Classe scientifique

Végétaux	○	Fruits
Herbe	○	Fleur
Arbuste	○	Arbre
Annuelle	○	Biennale
Pérenne	○	Semis

Dates

Germination

Plantée

Récolté

Niveau de lumière

Soleil

Soleil partiel

Ombre

Autre

A partir de

Semences

Plante

Classement

Taille	○○○○○
Couleur	○○○○○
Goûter	○○○○○

Fertilisants et équipements

Besoins en eau

0%
moins

Instructions d'entretien

Instruction de plantation

Notes supplémentaires

Livre de bord du jardinage

| Nom | | Localisation |
| Fournisseur | | Prix |

Classe scientifique

Végétaux	○	Fruits
Herbe	○	Fleur
Arbuste	○	Arbre
Annuelle	○	Biennale
Pérenne	○	Semis

Dates

Germination

Plantée

Récolté

Niveau de lumière

Soleil

Soleil partiel

Ombre

Autre

A partir de

Semences

Plante

Classement

Taille	○○○○○
Couleur	○○○○○
Goûter	○○○○○

Fertilisants
et équipements

Besoins en eau

0%
moins

Instructions
d'entretien

Instruction
de plantation

Notes
supplémentaires

Livre de bord du jardinage

| Nom | | Localisation | |
| Fournisseur | | Prix | |

Classe scientifique

Végétaux	○	Fruits
Herbe	○	Fleur
Arbuste	○	Arbre
Annuelle	○	Biennale
Pérenne	○	Semis

Dates

Germination

Plantée

Récolté

Niveau de lumière

Soleil

Soleil partiel

Ombre

Autre

A partir de

Semences

Plante

Classement

Taille	○○○○○
Couleur	○○○○○
Goûter	○○○○○

Fertilisants
et équipements

Besoins en eau

0%
moins

Instructions
d'entretien

Instruction
de plantation

Notes
supplémentaires

Livre de bord du jardinage

| Nom | Localisation |

| Fournisseur | Prix |

Classe scientifique

Végétaux	◯	Fruits
Herbe	◯	Fleur
Arbuste	◯	Arbre
Annuelle	◯	Biennale
Pérenne	◯	Semis

Dates

Germination

Plantée

Récolté

Niveau de lumière

Soleil

Soleil partiel

Ombre

Autre

A partir de

Semences

Plante

Classement

Taille	◯◯◯◯◯
Couleur	◯◯◯◯◯
Goûter	◯◯◯◯◯

Fertilisants
et équipements

Besoins en eau

0%
moins

Instructions
d'entretien

Instruction
de plantation

Notes
supplémentaires

Livre de bord du jardinage

Nom	Localisation
Fournisseur	Prix

Classe scientifique

Végétaux	○	Fruits
Herbe	○	Fleur
Arbuste	○	Arbre
Annuelle	○	Biennale
Pérenne	○	Semis

Dates

Germination

Plantée

Récolté

Niveau de lumière

Soleil

Soleil partiel

Ombre

Autre

A partir de

Semences

Plante

Classement

Taille	○○○○○
Couleur	○○○○○
Goûter	○○○○○

Fertilisants
et équipements

Besoins en eau

0%
moins

Instructions
d'entretien

Instruction
de plantation

Notes
supplémentaires

Livre de bord du jardinage

Nom		Localisation	

Fournisseur		Prix	

Classe scientifique

Végétaux	○	Fruits
Herbe	○	Fleur
Arbuste	○	Arbre
Annuelle	○	Biennale
Pérenne	○	Semis

Dates

Germination

Plantée

Récolté

Niveau de lumière

Soleil

Soleil partiel

Ombre

Autre

A partir de

Semences

Plante

Classement

Taille	○○○○○
Couleur	○○○○○
Goûter	○○○○○

Fertilisants
et équipements

Besoins en eau

0%
moins

Instructions
d'entretien

Instruction
de plantation

Notes
supplémentaires

Livre de bord du jardinage

Nom		Localisation	
Fournisseur		Prix	

Classe scientifique

Végétaux	○	Fruits
Herbe	○	Fleur
Arbuste	○	Arbre
Annuelle	○	Biennale
Pérenne	○	Semis

Dates

Germination

Plantée

Récolté

Niveau de lumière

Soleil

Soleil partiel

Ombre

Autre

A partir de

Semences

Plante

Classement

Taille	○○○○○
Couleur	○○○○○
Goûter	○○○○○

Fertilisants
et équipements

Besoins en eau

0%
moins

Instructions
d'entretien

Instruction
de plantation

Notes
supplémentaires

Livre de bord du jardinage

Nom	Localisation

Fournisseur	Prix

Végétaux	○	Fruits
Herbe	○	Fleur
Arbuste	○	Arbre
Annuelle	○	Biennale
Pérenne	○	Semis

Dates

Germination

Plantée

Récolté

Niveau de lumière

Soleil

Soleil partiel

Ombre

Autre

A partir de

Semences

Plante

Classement

Taille   ○○○○○

Couleur   ○○○○○

Goûter   ○○○○○

Fertilisants
et équipements

Besoins en eau

0%
moins

Instructions
d'entretien

Instruction
de plantation

Notes
supplémentaires

Livre de bord du jardinage

Nom	Localisation
Fournisseur	Prix

Classe scientifique

Végétaux	○	Fruits
Herbe	○	Fleur
Arbuste	○	Arbre
Annuelle	○	Biennale
Pérenne	○	Semis

Dates

Germination

Plantée

Récolté

Niveau de lumière

Soleil

Soleil partiel

Ombre

Autre

A partir de

Semences

Plante

Classement

Taille	○○○○○
Couleur	○○○○○
Goûter	○○○○○

Fertilisants
et équipements

Besoins en eau

0%
moins

Instructions
d'entretien

Instruction
de plantation

Notes
supplémentaires

Livre de bord du jardinage

Nom	Localisation

Fournisseur	Prix

Classe scientifique

Végétaux	○	Fruits
Herbe	○	Fleur
Arbuste	○	Arbre
Annuelle	○	Biennale
Pérenne	○	Semis

Dates

Germination

Plantée

Récolté

Niveau de lumière

Soleil

Soleil partiel

Ombre

Autre

A partir de

Semences

Plante

Classement

Taille	○○○○○
Couleur	○○○○○
Goûter	○○○○○

| Fertilisants et équipements | Besoins en eau |

0%
moins

| Instructions d'entretien | Instruction de plantation |

Notes supplémentaires

Livre de bord du jardinage

Nom		Localisation	
Fournisseur		Prix	

Classe scientifique		
Végétaux	○	Fruits
Herbe	○	Fleur
Arbuste	○	Arbre
Annuelle	○	Biennale
Pérenne	○	Semis

Dates		Niveau de lumière
Germination		Soleil
Plantée		Soleil partiel
Récolté		Ombre
		Autre

A partir de	Classement	
Semences	Taille	○○○○○
Plante	Couleur	○○○○○
	Goûter	○○○○○

Fertilisants
et équipements

Besoins en eau

0%
moins

Instructions
d'entretien

Instruction
de plantation

Notes
supplémentaires

Livre de bord du jardinage

Nom		Localisation	
Fournisseur		Prix	

Classe scientifique

Végétaux	◯	Fruits
Herbe	◯	Fleur
Arbuste	◯	Arbre
Annuelle	◯	Biennale
Pérenne	◯	Semis

Dates

Germination

Plantée

Récolté

Niveau de lumière

Soleil

Soleil partiel

Ombre

Autre

A partir de

Semences

Plante

Classement

Taille	◯◯◯◯◯
Couleur	◯◯◯◯◯
Goûter	◯◯◯◯◯

Fertilisants
et équipements

Besoins en eau

0%
moins

Instructions
d'entretien

Instruction
de plantation

Notes
supplémentaires

Livre de bord du jardinage

Nom		Localisation
Fournisseur		Prix

Classe scientifique

Végétaux	○	Fruits
Herbe	○	Fleur
Arbuste	○	Arbre
Annuelle	○	Biennale
Pérenne	○	Semis

Dates

Germination

Plantée

Récolté

Niveau de lumière

Soleil

Soleil partiel

Ombre

Autre

A partir de

Semences

Plante

Classement

Taille	○○○○○
Couleur	○○○○○
Goûter	○○○○○

Fertilisants
et équipements

Besoins en eau

0%
moins

Instructions
d'entretien

Instruction
de plantation

Notes
supplémentaires

Livre de bord du jardinage

Nom	Localisation

Fournisseur	Prix

Classe scientifique

Végétaux	○	Fruits
Herbe	○	Fleur
Arbuste	○	Arbre
Annuelle	○	Biennale
Pérenne	○	Semis

Dates

Germination

Plantée

Récolté

Niveau de lumière

Soleil

Soleil partiel

Ombre

Autre

A partir de

Semences

Plante

Classement

Taille	○○○○○
Couleur	○○○○○
Goûter	○○○○○

Fertilisants
et équipements

Besoins en eau

0%
moins

Instructions
d'entretien

Instruction
de plantation

Notes
supplémentaires

Livre de bord du jardinage

Nom	Localisation

Fournisseur	Prix

Classe scientifique

Végétaux	○	Fruits
Herbe	○	Fleur
Arbuste	○	Arbre
Annuelle	○	Biennale
Pérenne	○	Semis

Dates	Niveau de lumière

Germination

Plantée

Récolté

Soleil

Soleil partiel

Ombre

Autre

A partir de	Classement

Semences

Plante

Taille ○○○○○

Couleur ○○○○○

Goûter ○○○○○

Fertilisants
et équipements

Besoins en eau

0%
moins

Instructions
d'entretien

Instruction
de plantation

Notes
supplémentaires

Livre de bord du jardinage

Nom		Localisation	
Fournisseur		**Prix**	

Classe scientifique

Végétaux	○	Fruits
Herbe	○	Fleur
Arbuste	○	Arbre
Annuelle	○	Biennale
Pérenne	○	Semis

Dates

Germination

Plantée

Récolté

Niveau de lumière

Soleil

Soleil partiel

Ombre

Autre

A partir de

Semences

Plante

Classement

Taille	○○○○○
Couleur	○○○○○
Goûter	○○○○○

Fertilisants
et équipements

Besoins en eau

0%
moins

Instructions
d'entretien

Instruction
de plantation

Notes
supplémentaires

Livre de bord du jardinage

Nom		Localisation
Fournisseur		Prix

Classe scientifique

Végétaux	◯	Fruits
Herbe	◯	Fleur
Arbuste	◯	Arbre
Annuelle	◯	Biennale
Pérenne	◯	Semis

Dates

Germination

Plantée

Récolté

Niveau de lumière

Soleil

Soleil partiel

Ombre

Autre

A partir de

Semences

Plante

Classement

Taille	◯◯◯◯◯
Couleur	◯◯◯◯◯
Goûter	◯◯◯◯◯

Fertilisants
et équipements

Besoins en eau

0%
moins

Instructions
d'entretien

Instruction
de plantation

Notes
supplémentaires

Livre de bord du jardinage

| Nom | Localisation |
| Fournisseur | Prix |

Classe scientifique

Végétaux	○	Fruits
Herbe	○	Fleur
Arbuste	○	Arbre
Annuelle	○	Biennale
Pérenne	○	Semis

Dates

Germination

Plantée

Récolté

Niveau de lumière

Soleil

Soleil partiel

Ombre

Autre

A partir de

Semences

Plante

Classement

Taille	○○○○○
Couleur	○○○○○
Goûter	○○○○○

Fertilisants
et équipements

Besoins en eau

0%
moins

Instructions
d'entretien

Instruction
de plantation

Notes
supplémentaires

Livre de bord du jardinage

Nom	Localisation
Fournisseur	Prix

Classe scientifique

Végétaux	○	Fruits
Herbe	○	Fleur
Arbuste	○	Arbre
Annuelle	○	Biennale
Pérenne	○	Semis

Dates

Germination

Plantée

Récolté

Niveau de lumière

Soleil

Soleil partiel

Ombre

Autre

A partir de

Semences

Plante

Classement

Taille	○○○○○
Couleur	○○○○○
Goûter	○○○○○

Fertilisants et équipements	Besoins en eau

0%
moins

Instructions d'entretien	Instruction de plantation

Notes supplémentaires

Livre de bord du jardinage

Nom		Localisation
Fournisseur		Prix

Classe scientifique

Végétaux	○	Fruits
Herbe	○	Fleur
Arbuste	○	Arbre
Annuelle	○	Biennale
Pérenne	○	Semis

Dates

Germination

Plantée

Récolté

Niveau de lumière

Soleil

Soleil partiel

Ombre

Autre

A partir de

Semences

Plante

Classement

Taille	○○○○○
Couleur	○○○○○
Goûter	○○○○○

Fertilisants et équipements	Besoins en eau

0%
moins

Instructions d'entretien	Instruction de plantation

Notes supplémentaires

Livre de bord du jardinage

Nom

Localisation

Fournisseur

Prix

Classe scientifique

Végétaux	◯	Fruits
Herbe	◯	Fleur
Arbuste	◯	Arbre
Annuelle	◯	Biennale
Pérenne	◯	Semis

Dates

Germination

Plantée

Récolté

Niveau de lumière

Soleil

Soleil partiel

Ombre

Autre

A partir de

Semences

Plante

Classement

Taille ◯◯◯◯◯

Couleur ◯◯◯◯◯

Goûter ◯◯◯◯◯

Fertilisants
et équipements

Besoins en eau

0%
moins

Instructions
d'entretien

Instruction
de plantation

Notes
supplémentaires

Livre de bord du jardinage

Nom		Localisation	
Fournisseur		**Prix**	

Classe scientifique

Végétaux	○	Fruits
Herbe	○	Fleur
Arbuste	○	Arbre
Annuelle	○	Biennale
Pérenne	○	Semis

Dates

Germination

Plantée

Récolté

Niveau de lumière

Soleil

Soleil partiel

Ombre

Autre

A partir de

Semences

Plante

Classement

Taille	○○○○○
Couleur	○○○○○
Goûter	○○○○○

Fertilisants
et équipements

Besoins en eau

0%
moins

Instructions
d'entretien

Instruction
de plantation

Notes
supplémentaires

Livre de bord du jardinage

Nom	Localisation

Fournisseur	Prix

Classe scientifique

Végétaux	○	Fruits
Herbe	○	Fleur
Arbuste	○	Arbre
Annuelle	○	Biennale
Pérenne	○	Semis

Dates

Germination

Plantée

Récolté

Niveau de lumière

Soleil

Soleil partiel

Ombre

Autre

A partir de

Semences

Plante

Classement

Taille	○○○○○
Couleur	○○○○○
Goûter	○○○○○

Fertilisants
et équipements

Besoins en eau

0%
moins

Instructions
d'entretien

Instruction
de plantation

Notes
supplémentaires

Livre de bord du jardinage

Nom	Localisation
Fournisseur	Prix

Classe scientifique

Végétaux	○	Fruits
Herbe	○	Fleur
Arbuste	○	Arbre
Annuelle	○	Biennale
Pérenne	○	Semis

Dates

Germination

Plantée

Récolté

Niveau de lumière

Soleil

Soleil partiel

Ombre

Autre

A partir de

Semences

Plante

Classement

Taille	○○○○○
Couleur	○○○○○
Goûter	○○○○○

Fertilisants
et équipements

Besoins en eau

0%
moins

Instructions
d'entretien

Instruction
de plantation

Notes
supplémentaires

Livre de bord du jardinage

| Nom | Localisation |

| Fournisseur | Prix |

Classe scientifique

Végétaux	○	Fruits
Herbe	○	Fleur
Arbuste	○	Arbre
Annuelle	○	Biennale
Pérenne	○	Semis

Dates

Germination

Plantée

Récolté

Niveau de lumière

Soleil

Soleil partiel

Ombre

Autre

A partir de

Semences

Plante

Classement

Taille	○○○○○
Couleur	○○○○○
Goûter	○○○○○

Fertilisants
et équipements

Besoins en eau

0%
moins

Instructions
d'entretien

Instruction
de plantation

Notes
supplémentaires

Livre de bord du jardinage

Nom	Localisation
Fournisseur	Prix

Classe scientifique

Végétaux	○	Fruits
Herbe	○	Fleur
Arbuste	○	Arbre
Annuelle	○	Biennale
Pérenne	○	Semis

Dates

Germination

Plantée

Récolté

Niveau de lumière

Soleil

Soleil partiel

Ombre

Autre

A partir de

Semences

Plante

Classement

Taille	○○○○○
Couleur	○○○○○
Goûter	○○○○○

Fertilisants
et équipements

Besoins en eau

0%
moins

Instructions
d'entretien

Instruction
de plantation

Notes
supplémentaires

Livre de bord du jardinage

Nom		Localisation
Fournisseur		Prix

Classe scientifique

Végétaux	○	Fruits
Herbe	○	Fleur
Arbuste	○	Arbre
Annuelle	○	Biennale
Pérenne	○	Semis

Dates

Germination

Plantée

Récolté

Niveau de lumière

Soleil

Soleil partiel

Ombre

Autre

A partir de

Semences

Plante

Classement

Taille	○○○○○
Couleur	○○○○○
Goûter	○○○○○

Fertilisants
et équipements

Besoins en eau

0%
moins

Instructions
d'entretien

Instruction
de plantation

Notes
supplémentaires

Livre de bord du jardinage

Nom	Localisation

Fournisseur	Prix

Classe scientifique

Végétaux	○	Fruits
Herbe	○	Fleur
Arbuste	○	Arbre
Annuelle	○	Biennale
Pérenne	○	Semis

Dates

Germination

Plantée

Récolté

Niveau de lumière

Soleil

Soleil partiel

Ombre

Autre

A partir de

Semences

Plante

Classement

Taille	○○○○○
Couleur	○○○○○
Goûter	○○○○○

Fertilisants
et équipements

Besoins en eau

0%
moins

Instructions
d'entretien

Instruction
de plantation

Notes
supplémentaires

Livre de bord du jardinage

Nom		Localisation

Fournisseur		Prix

Classe scientifique

Végétaux	○	Fruits
Herbe	○	Fleur
Arbuste	○	Arbre
Annuelle	○	Biennale
Pérenne	○	Semis

Dates

Germination

Plantée

Récolté

Niveau de lumière

Soleil

Soleil partiel

Ombre

Autre

A partir de

Semences

Plante

Classement

Taille	○○○○○
Couleur	○○○○○
Goûter	○○○○○

Fertilisants
et équipements

Besoins en eau

0%
moins

Instructions
d'entretien

Instruction
de plantation

Notes
supplémentaires

Livre de bord du jardinage

Nom		Localisation

Fournisseur		Prix

Classe scientifique

Végétaux	○	Fruits
Herbe	○	Fleur
Arbuste	○	Arbre
Annuelle	○	Biennale
Pérenne	○	Semis

Dates

Germination

Plantée

Récolté

Niveau de lumière

Soleil

Soleil partiel

Ombre

Autre

A partir de

Semences

Plante

Classement

Taille	○○○○○
Couleur	○○○○○
Goûter	○○○○○

Fertilisants
et équipements

Besoins en eau

0%
moins

Instructions
d'entretien

Instruction
de plantation

Notes
supplémentaires

Livre de bord du jardinage

Nom	Localisation

Fournisseur	Prix

Classe scientifique

Végétaux	○	Fruits
Herbe	○	Fleur
Arbuste	○	Arbre
Annuelle	○	Biennale
Pérenne	○	Semis

Dates

Germination

Plantée

Récolté

Niveau de lumière

Soleil

Soleil partiel

Ombre

Autre

A partir de

Semences

Plante

Classement

Taille	○○○○○
Couleur	○○○○○
Goûter	○○○○○

Fertilisants
et équipements

Besoins en eau

0%
moins

Instructions
d'entretien

Instruction
de plantation

Notes
supplémentaires

Livre de bord du jardinage

Nom	Localisation

Fournisseur	Prix

Classe scientifique

Végétaux	○	Fruits
Herbe	○	Fleur
Arbuste	○	Arbre
Annuelle	○	Biennale
Pérenne	○	Semis

Dates

Germination

Plantée

Récolté

Niveau de lumière

Soleil

Soleil partiel

Ombre

Autre

A partir de

Semences

Plante

Classement

Taille	○○○○○
Couleur	○○○○○
Goûter	○○○○○

Fertilisants
et équipements

Besoins en eau

0%
moins

Instructions
d'entretien

Instruction
de plantation

Notes
supplémentaires

Livre de bord du jardinage

Nom

Localisation

Fournisseur

Prix

Classe scientifique

Végétaux	○	Fruits
Herbe	○	Fleur
Arbuste	○	Arbre
Annuelle	○	Biennale
Pérenne	○	Semis

Dates

Germination

Plantée

Récolté

Niveau de lumière

Soleil

Soleil partiel

Ombre

Autre

A partir de

Semences

Plante

Classement

Taille	○○○○○
Couleur	○○○○○
Goûter	○○○○○

Fertilisants
et équipements

Besoins en eau

0%
moins

Instructions
d'entretien

Instruction
de plantation

Notes
supplémentaires

Livre de bord du jardinage

Nom	Localisation
Fournisseur	Prix

Classe scientifique

Végétaux	○	Fruits
Herbe	○	Fleur
Arbuste	○	Arbre
Annuelle	○	Biennale
Pérenne	○	Semis

Dates

Germination

Plantée

Récolté

Niveau de lumière

Soleil

Soleil partiel

Ombre

Autre

A partir de

Semences

Plante

Classement

Taille	○○○○○
Couleur	○○○○○
Goûter	○○○○○

Fertilisants et équipements

Besoins en eau

0%
moins

Instructions d'entretien

Instruction de plantation

Notes supplémentaires

Livre de bord du jardinage

| Nom | | Localisation | |

| Fournisseur | | Prix | |

Classe scientifique	

Végétaux	○	Fruits
Herbe	○	Fleur
Arbuste	○	Arbre
Annuelle	○	Biennale
Pérenne	○	Semis

Dates		Niveau de lumière
Germination		Soleil
		Soleil partiel
Plantée		Ombre
Récolté		Autre

A partir de		Classement
Semences		Taille	○○○○○
Plante		
		Couleur	○○○○○
		Goûter	○○○○○

| Fertilisants et équipements | Besoins en eau |

0%
moins

| Instructions d'entretien | Instruction de plantation |

Notes supplémentaires

Livre de bord du jardinage

Nom	Localisation

Fournisseur	Prix

Classe scientifique

Végétaux	○	Fruits
Herbe	○	Fleur
Arbuste	○	Arbre
Annuelle	○	Biennale
Pérenne	○	Semis

Dates

Germination

Plantée

Récolté

Niveau de lumière

Soleil

Soleil partiel

Ombre

Autre

A partir de

Semences

Plante

Classement

Taille ○○○○○

Couleur ○○○○○

Goûter ○○○○○

Fertilisants
et équipements

Besoins en eau

0%
moins

Instructions
d'entretien

Instruction
de plantation

Notes
supplémentaires

Livre de bord du jardinage

Nom	Localisation
Fournisseur	Prix

Classe scientifique

Végétaux	○	Fruits
Herbe	○	Fleur
Arbuste	○	Arbre
Annuelle	○	Biennale
Pérenne	○	Semis

Dates

Germination

Plantée

Récolté

Niveau de lumière

Soleil

Soleil partiel

Ombre

Autre

A partir de

Semences

Plante

Classement

Taille	○○○○○
Couleur	○○○○○
Goûter	○○○○○

| Fertilisants et équipements | Besoins en eau |

0%
moins

| Instructions d'entretien | Instruction de plantation |

Notes supplémentaires

Livre de bord du jardinage

Nom	Localisation

Fournisseur	Prix

Classe scientifique

Végétaux	◯	Fruits
Herbe	◯	Fleur
Arbuste	◯	Arbre
Annuelle	◯	Biennale
Pérenne	◯	Semis

Dates

Germination

Plantée

Récolté

Niveau de lumière

Soleil

Soleil partiel

Ombre

Autre

A partir de

Semences

Plante

Classement

Taille	◯◯◯◯◯
Couleur	◯◯◯◯◯
Goûter	◯◯◯◯◯

Fertilisants
et équipements

Besoins en eau

0%
moins

Instructions
d'entretien

Instruction
de plantation

Notes
supplémentaires

Livre de bord du jardinage

| Nom | Localisation |
| Fournisseur | Prix |

Classe scientifique

Végétaux	○	Fruits
Herbe	○	Fleur
Arbuste	○	Arbre
Annuelle	○	Biennale
Pérenne	○	Semis

Dates

Germination

Plantée

Récolté

Niveau de lumière

Soleil

Soleil partiel

Ombre

Autre

A partir de

Semences

Plante

Classement

Taille ○○○○○

Couleur ○○○○○

Goûter ○○○○○

Fertilisants
et équipements

Besoins en eau

0%
moins

Instructions
d'entretien

Instruction
de plantation

Notes
supplémentaires

Livre de bord du jardinage

Nom	Localisation
Fournisseur	Prix

Classe scientifique

Végétaux	○	Fruits
Herbe	○	Fleur
Arbuste	○	Arbre
Annuelle	○	Biennale
Pérenne	○	Semis

Dates

Germination

Plantée

Récolté

Niveau de lumière

Soleil

Soleil partiel

Ombre

Autre

A partir de

Semences

Plante

Classement

Taille	○○○○○
Couleur	○○○○○
Goûter	○○○○○

Fertilisants
et équipements

Besoins en eau

0%
moins

Instructions
d'entretien

Instruction
de plantation

Notes
supplémentaires

Livre de bord du jardinage

Nom	Localisation

Fournisseur	Prix

Classe scientifique

Végétaux	○	Fruits
Herbe	○	Fleur
Arbuste	○	Arbre
Annuelle	○	Biennale
Pérenne	○	Semis

Dates

Germination

Plantée

Récolté

Niveau de lumière

Soleil

Soleil partiel

Ombre

Autre

A partir de

Semences

Plante

Classement

Taille	○○○○○
Couleur	○○○○○
Goûter	○○○○○

Fertilisants
et équipements

Besoins en eau

0%
moins

Instructions
d'entretien

Instruction
de plantation

Notes
supplémentaires

Livre de bord du jardinage

Nom	Localisation
Fournisseur	Prix

Classe scientifique

Végétaux	○	Fruits
Herbe	○	Fleur
Arbuste	○	Arbre
Annuelle	○	Biennale
Pérenne	○	Semis

Dates

Germination

Plantée

Récolté

Niveau de lumière

Soleil

Soleil partiel

Ombre

Autre

A partir de

Semences

Plante

Classement

Taille	○○○○○
Couleur	○○○○○
Goûter	○○○○○

Fertilisants
et équipements

Besoins en eau

0%
moins

Instructions
d'entretien

Instruction
de plantation

Notes
supplémentaires

www.ingramcontent.com/pod-product-compliance
Lightning Source LLC
Chambersburg PA
CBHW060954050726
47592CB00003B/1224